AF268078

PANÉGYRIQUE DE SAINTE BARBE

PRONONCÉ

DANS L'ÉGLISE D'ESVRES

LE 3 DÉCEMBRE 1881

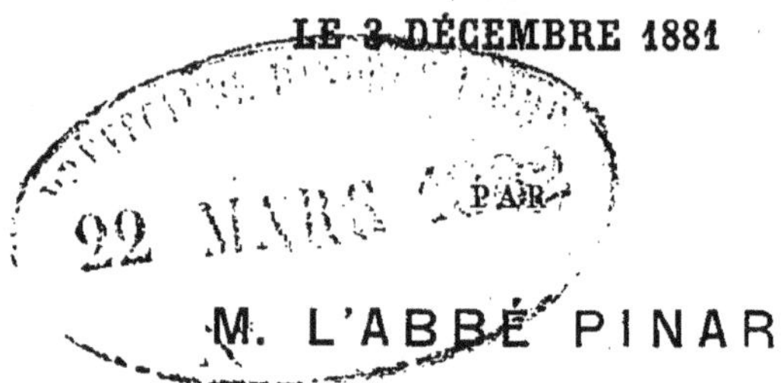

PAR

M. L'ABBÉ PINARD

EN PRÉSENCE

DE PLUSIEURS ECCLÉSIASTIQUES ET D'UN GRAND NOMBRE
DE FEMMES CHRÉTIENNES
ASSOCIÉES SOUS LE VOCABLE DE CETTE SAINTE

Infirma mundi elegit Deus ut confundat
fortia.
Dieu a choisi ce qui est faible selon le
monde pour confondre ce qui est fort.
I ad Corinth. c. i, v. 27.

TOURS

IMPRIMERIE PAUL BOUSREZ

RUE DE LUCÉ, 5

PANÉGYRIQUE DE SAINTE BARBE

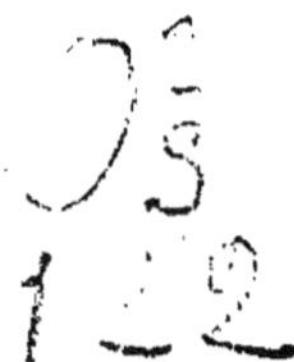

PANÉGYRIQUE DE SAINTE BARBE

PRONONCÉ

DANS L'ÉGLISE D'ESVRES

LE 3 DÉCEMBRE 1881

PAR

M. L'ABBÉ PINARD

EN PRÉSENCE

DE PLUSIEURS ECCLÉSIASTIQUES ET D'UN GRAND NOMBRE DE FEMMES CHRÉTIENNES
ASSOCIÉES SOUS LE VOCABLE DE CETTE SAINTE

> Infirma mundi elegit Deus ut confundat fortia.
>
> Dieu a choisi ce qui est faible selon le monde pour confondre ce qui est fort.
>
> I ad Corinth. c. i, v. 27.

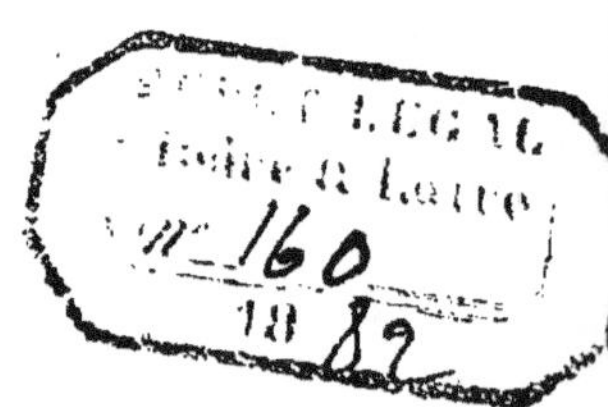

TOURS

IMPRIMERIE PAUL BOUSREZ

5, RUE DE LUCÉ, 5

PANÉGYRIQUE DE SAINTE BARBE

PRONONCÉ

PAR M. L'ABBÉ PINARD

Vénérés Confrères,

Femmes Chrétiennes,

Le religieux auditoire auquel je m'adresse en ce moment n'est pas nouveau pour moi, et le pieux sujet que je vais traiter devant lui ne l'est pas d'avantage. Il y a environ quarante ans, j'étais ici à pareille fête. J'y voyais, comme aujourd'hui, plusieurs écclésiastiques venus de différents côtés, pour donner plus de solennité à cette fête, depuis longtemps célébrée ici, de dévotion du moins, comme seconde fête patronale de la paroisse, et un grand nombre de femmes chrétiennes réunies, selon l'usage, pour invoquer la sainte, partout si populaire, qui fut choisie, dès le commencement, comme vocable de leur pieuse association. Quelques années après, j'étais appelé à présider la même fête dans l'église de Monts, où, malgré l'agitation si grande alors partout, dans la localité principalement, (1) tout le Ripault, depuis le commandant jusqu'au plus humble employé de l'usine, était venu aussi, avec un religieux empressement, invoquer la patronne également aimée et du courageux soldat qui, avec ses bruyants canons,

(1) A cause de la construction du pont de l'Indre, en 1848.

marche à la conquête de la terre, et de la femme pieuse
qui, en égrenant son chapelet, s'avance sans bruit à la
conquête du ciel.

Depuis ce temps-là, que de changements presque
partout, en dehors de l'Église ! Et si, reportant par la
pensée nos regards en arrière, nous embrassons un es-
pace de temps plus considérable, quinze ou seize siècles,
je suppose, combien de changements plus extraordi-
naires encore ! Est-ce que, à plusieurs reprises, la face
de la terre ne s'est pas comme renouvelée ? Où sont
aujourd'hui les principaux moteurs de ces changements,
ces hommes en présence desquels la terre s'est tue, et
qui, maîtres du monde entier, s'y trouvaient à l'étroit,
pour parler le langage des écrivains tant sacrés que pro-
fanes ? Hélas ! le nom d'un grand nombre n'est même
plus un vain son, et leurs restes, dispersés aux quatre
vents du ciel, tiendraient sans peine dans la main d'un
enfant, s'il était possible à tout autre qu'à Dieu de les
recueillir.

C'est que tout change, tout périt sur la terre, tout
absolument, excepté Dieu. Lui seul existe nécessaire-
ment, et il communique quelque chose de son heureuse
et indestructible existence à celles de ses créatures qui
se sont attachées à lui d'une manière particulière. Telle
a été sainte Barbe dont nous faisons en ce moment la
fête. De cette héroïne chrétienne, ainsi que de beaucoup d'autres dont la vie surnaturelle se trouve contenue
dans l'histoire de l'Église, on peut dire ce que les sages
de l'Égypte disaient, en parlant de prodiges d'un autre
genre : « Le doigt de Dieu est ici : » *Digitus Dei est hic* »
(*Exode,* viii, 19.) Recueillons-nous donc ensemble, un instant, devant ce prodige toujours subsistant, conservant
toujours, augmentant même de plus en plus les preuves
de la toute-puissance divine qu'il recèle en soi, et tirons-

en les conséquences pratiques. Pour vous aider dans vos réflexions, je vais vous rappeler les principaux traits de la vie de notre sainte, puis vous expliquer en quoi consiste le culte que nous lui rendons.

Je ne saurais vous dire avec une entière certitude en quel lieu ni en quelle année naquit la vierge toujours populaire dont le culte a commencé peu après son martyre, n'a cessé de s'étendre de différents côtés, et fleurit aujourd'hui par toute la terre. Les hagiographes ne sont pas suffisamment d'accord sur ce double point. On croit communément néanmoins qu'elle naquit à Nicomède, au commencement du troisième siècle.

Il est bien probable qu'elle fut privée de bonne heure, si ce n'est même au moment de sa naissance, des soins maternels, puisque les différents ouvrages que nous avons consultés à ce sujet ne font aucune mention de celle qui lui a donné le jour. Pauvres enfants ! Ne point avoir la main si douce et en même temps si ferme de la mère pour vous soutenir et diriger vos premiers pas à votre entrée dans la vie, quel malheur ! En vous voyant arriver à bien, ainsi abandonnés, on serait tenté de vous regarder comme des effets sans cause, si on ne savait pas qu'une main infiniment plus douce et plus ferme, celle de la Providence, aime à se faire sentir en raison des besoins de chacun. C'est ce qui eut lieu par rapport à la jeune Barbe, dès ses plus tendres années.

Ce n'est pas, du reste, son père qui eût pu lui servir et de père et de mère, comme il arrive quelquefois. C'était un riche et puissant seigneur nommé Dioscore. Il était extrêmement colère, violent, cruel, même pour sa fille, que cependant il idolâtrait. Mais chacun sait que toute affection déréglée se change, quand elle est contrariée, en haine d'autant plus violente qu'elle était plus tendre d'abord et promettait de le devenir encore davantage. C'est ce qui ne pouvait manquer d'arriver ici, vu le désaccord, je dirai même volontiers la complète antipathie qui se trouvait entre le père et la fille, par rapport aux choses les plus importantes de la vie. Autant le père était sensible à toutes les jouissances que procure le monde, autant la fille les avait en dégoût ; autant le père était attaché au culte des faux dieux, semblait l'être du moins, pour quelque raison que ce fût, autant la fille en reconnaissait et en proclamait hautement l'inanité et la culpabilité ; et, par une conséquence nécessaire, autant le père avait de répugnance à admettre la doctrine si sévère en apparence du christianisme, autant la fille se plaisait à la méditer et à la mettre en pratique. Cela tenait beaucoup au caractère de l'un et de l'autre, mais beaucoup aussi, il faut en convenir, à leur éducation. Celle du père avait été toute païenne, tandis que, accidentellement ou plutôt par une de ces dispositions de la divine Providence dont nous avons parlé plus haut, celle de la fille avait été solidement chrétienne.

Dioscore ayant désiré donner à sa fille les maîtres les plus en renom, dans l'attente du rôle important qu'il espérait lui voir jouer plus tard dans le monde, celle-ci dut se trouver en rapport avec le célèbre Origène qui, à l'âge de dix-huit ans, enseignait déjà dans la savante école d'Alexandrie et était alors dans tout l'éclat de sa gloire. Ayant eu besoin de le consulter par rapport à certaines difficultés de la science, elle ne craignit point de lui ouvrir son cœur relativement aux vérités les plus indispensables de la foi. Origène enchanté lui répondit immédiatement, et il envoya, en même temps, un de ses disciples les plus instruits avec recommandation de suppléer de vive voix à ce qui n'aurait pu être renfermé dans sa lettre.

O vous qui êtes particulièrement chargés de propager les saintes lumières, que du reste nous avons tous à répandre plus ou moins autour de nous, que ce soit de vive voix ou par écrit, que ce soit comme docteurs ou en sous-ordre, par suppléance, comme on dit, n'oubliez point que vous êtes tous les envoyés de Dieu, qu'il est avec vous, en vous-mêmes, et qu'il ne dédaigne pas quelquefois de se manifester alors sans intermédiaire.

Dans cette tour célèbre où Dioscore a tenu quelque temps sa fille enfermée, et qu'on nous représente ou bien auprès d'elle ou même dans sa main, comme ici, pour montrer qu'avoir voulu en faire une barrière entre elle et son Dieu ne fut qu'un enfantillage, et que c'est même à cette tour qu'elle dut en partie et sa force et sa gloire, on dit que Jésus-Christ lui apparut sous la figure d'un jeune homme éclatant de beauté, et que, lui accordant une faveur qu'il accorda à plusieurs autres saintes, il lui remit un anneau d'or et une palme en disant : « Je viens, au nom de mon Père, vous prendre pour épouse. » Femmes pieuses, vous qui avez particulièrement à souffrir dans le chemin de la vie, si pénible pour tous, avez-vous besoin de consolation, de lumières et de force ? Venez dans cette tour que l'époux de vos âmes a fait dresser pour vous comme une oasis spirituelle dans le désert aride de ce monde. Vous n'aurez pas besoin de l'y attendre ; il vous a lui-même precédées, et il vous procurera un peu de repos, selon la promesse qu'il en a faite à tous dans la personne de ses apôtres : *Venite seorsum in desertum locum et requiescite pusillum.* (Marc, vi, 31.) Quoi que vous fassiez ici, gardez-vous bien du moins de ridiculiser jamais l'union mystique de Jésus-Christ avec certaines âmes particulièrement privilégiées. N'y voyant, quant à moi, de la part du Sauveur, qu'un moyen plus efficace de les élever jusqu'à lui, c'est-à-dire à la perfection, et, de la part de ces âmes, qu'une réelle et presque divine perfection, j'incline la tête en signe de religieuse admiration, bien loin de la tourner par dérision.

En construisant pour sa fille, douée aux yeux de tous, aux siens principalement, de tous les dons de la nature, le palais en forme de tour dont nous venons de parler, et auquel il avait fait ajouter salle de bain et jardin, comme en avaient à peu près partout ceux qui étaient alors les maîtres du monde, Dioscore était loin de s'attendre à ce qui en résulta. Il eût voulu, dans son égoïsme, qu'elle ne fût visible, en quelque sorte, qu'à ses propres yeux. C'est le contraire précisément qui arriva. Plus elle était cachée, et plus elle était vantée, désirée, recherchée. Les plus riches la demandaient en mariage. Dioscore eût vivemnnt souhaité que cette heure où il devait s'en séparer fût indéfiniment retardée. Dans l'impossibilité où il était de s'arrêter à un tel désir, il fit du moins tous ses efforts pour qu'elle s'attachât à un homme riche et puissant, comme lui, dont le crédit dans le monde augmenterait encore le sien.

Hélas ! n'est-ce pas encore aujourd'hui, au milieu même des plus vives lumières du christianisme, la grande préoccupation des parents. Inutiles tentatives du reste ici ! le cœur de la fille s'était fixé bien plus haut.

Dioscore eût également voulu que la connaissance du vrai Dieu n'arrivât pas jusqu'à sa fille, et qu'au lieu de l'austère doctrine du Crucifié, les idées riantes du paganisme la préoccupassent, comme lui, exclusivement. Aussi, avait-il fait mettre dans les différentes parties de la tour où elle devait faire sa résidence les représentations les plus séduisantes. Ici encore, c'est précisément le contraire qui arriva. Celui qui voit tout n'est-il pas visible aussi partout? Si on parvenait à le cacher aux yeux de notre corps, il nous suffirait de rentrer en nous-mêmes, comme avait fait la fille de Dioscore, pour l'y retrouver. A cette heure de rénovation où tant de mères, de jeunes filles de son âge, faisaient entendre partout, devant les tribunaux, en face des bourreaux, ce cri généreux : « Et moi aussi, je sus chrétienne ! » ne devait-elle pas le répéter dans sa solitude ? ne devait-elle pas repousser, briser même ces représentations impures, qui, presque partout déjà, tombaient sous le mépris des peuples, et mettre, à leur place, les emblèmes salutaires du christianisme ?

Aux deux fenêtres que Dioscore avait commandé de faire au sommet de la tour, elle en fit ajouter une troisième, comme cela se voit encore dans la plupart des vieilles églises, notamment ici, afin qu'une lumière de même nature, pénétrant dans l'intérieur par ces trois ouvertures distinctes et égales entre elles, fût l'image de l'unité de la lumière divine qui, par les trois personnes de la sainte Trinité, éclaire et vivifie notre âme. Puis, pour consacrer entièrement au Rédempteur l'édifice dont son père avait désiré faire un temple d'idoles, elle fit graver partout l'image de la croix. Ce n'était pas sans doute assez pour elle, en chose si sainte, de commander et de conduire ; elle voulut agir aussi. Soit qu'elle tînt à honneur d'y prendre part, soit pieuse impatience de voir que le travail ne s'achevait pas assez vite, soit croyance qu'il devait se faire avec amour et par le cœur plutôt que par l'acier et le marteau, divinement inspirée sans doute et agissant en simple instrument de Celui à qui il suffit de dire ou penser pour faire : *dixit et facta sunt* (Ps. xxxii, 9), elle imprima, en un instant, avec le doigt, sur une colonne de marbre, qui avait immédiatement perdu sa dureté, une croix plus admirable que n'eût été celle de l'artiste le plus habile et le plus appliqué. La légende pieuse nous apprend, en outre, que, tandis qu'elle aspirait ainsi, avec toute l'ardeur de sa foi, à la possession du ciel par la croix du Sauveur, la terre qu'elle foulait de ses pieds, et plus encore de son cœur, s'était miraculeusement affaissée sous l'un de ses pas.

N'ayant pu changer les idées de sa fille, Dioscorc s'était déterminé à l'abandonner un instant à ses propres réflexions, en prétextant un voyage de quelques jours. Dès qu'il fut de retour, il alla lui rendre visite, et, voyant le complet changement qui s'était fait dans sa demeure : « Que signifie tout cela? lui demanda-t-il. Pourquoi d'abord ces trois fenêtres, au lieu de deux que j'avais ordonné de faire? Pourquoi ces croix que je vois gravées presque partout? — Ces trois fenêtres, répondit la jeune fille émue et tremblante, nous rappellent les trois personnes de la sainte Trinité dont l'une, la seconde, après s'être incarnée, a souffert pour nous la mort de la croix. C'est pour nous rappeler ce divin bienfait que vous voyez partout la représentation de la croix. — Et les statues de nos dieux que j'avais fait moi-même établir ici, de différents côtés, que sont-elles devenues? reprit le père, de plus en plus irrité. — Vos dieux, balbutia la fille, pouvant à peine parler. — Oui, mes dieux..... Eh bien, quoi? interrompit brusquement le père. — Vos dieux, dit la fille, surmontant peu à peu son émotion et comprenant qu'elle devait confesser sa foi, en opposition même avec son père, ce sont des démons ou des hommes qui ne valent guère mieux. Ils ont reçu ici l'affront qu'ils méritaient. Que ne puis-je le leur infliger partout ! » A ces mots, Dioscore ne se contient plus, et, tirant son épée, il poursuit, le fer à la main, la fille qu'il a si tendrement aimée et qu'il aime encore, malgré son emportement.

O colère, folie momentanée, mais sans l'excuse de la folie véritable à quels crimes ne portes-tu pas, toi aussi, le cœur des malheureux mortels, au sein des familles ! Mère chrétienne, toi le second ange gardien de l'enfant sur la terre, et qui as naturellement pour lui, à cause de cela, un amour de prédilection, garde-toi bien de donner accès à ce feu diabolique. Si tu le vois envahir le cœur de celui qui, chargé avec toi de veiller sur l'enfant, doit avoir aussi pour lui un amour non semblable mais égal, empresse-toi de l'éteindre, quand il te faudrait, pour réussir, épuiser cette source de larmes que Dieu a mise au plus profond de ton cœur. Cela peut-être ne sera pas encore suffisant. Eh bien ! alors, conjure le Seigneur de jeter dessus une goutte de cette rosée céleste, laquelle, venant du Tout-Puissant, peut avoir plus d'efficacité pour le bien des âmes que les larmes réunies de l'humanité entière.

La mère chrétienne n'y était point, hélas ! Il n'y en avait probablement d'aucune sorte ; et, alors même que la plus tendre et la plus chrétienne des mères s'y fût rencontrée, elle n'aurait pu arrêter ce malheureux père qui, aveuglé par la fureur, poursuit sa fille l'épée dans les reins. Il va l'atteindre dans un instant, sans doute, et l'immoler à ses dieux, car devant elle se dresse un rocher qui ne peut manquer d'arrêter la pauvre enfant dans sa fuite : « Seigneur, dit-elle, ce n'est pas que je craigne la mort. Avec la docilité d'Isaac sous l'épée d'Abraham, je courberais d'autant plus volontiers la tête que ce serait pour moi le moyen d'obtenir promptement la palme du martyre ; mais le bourreau alors serait mon père. Je vous en conjure, Seigneur, éloignez de lui un tel crime. » Sa prière est exaucée. Le rocher s'est fendu et a livré passage à l'enfant, qui échappe ainsi, pour un instant du moins, aux coups de son père.

Cruel Dioscore! Disons mieux, pour généraliser ici l'enseignement donné par la Providence, père cruel, quel que soit ton nom, comprends-tu ce que cela signifie? Je vais te le dire : c'est que ton cœur, eût-il la dureté du rocher, doit se fendre, si cela est nécessaire, pour sauver ton enfant, bien loin de vouloir lui donner la mort, ou de la lui désirer seulement. A défaut d'autres voix, les pierres le disent ici hautement : *Si hi tacuerint, lapides clamabunt*. (Luc. XIX, 40.)

Dioscore n'en continua pas moins sa poursuite criminelle. Ayant appris d'un jeune berger que sa fille s'était réfugiée ou plutôt avait été comme transportée, par un vent violent, dans une caverne obscure, au sommet du rocher, il s'y rend épuisé de fatigue, et, puisant de nouvelles forces dans la violence de sa passion, il la saisit, l'accable de coups, la foule aux pieds et la conduit, pour ne pas dire la traîne, jusqu'à sa maison, où il la jette liée et ensanglantée dans un obscur cachot.

— Mais c'est impossible de la part d'un père, me dira-t-on.

— Oui, de la part d'un père. Aussi, n'était-ce point un père, à proprement parler, mais une bête féroce, comme il y en avait tant avant l'établissement du christianisme, comme il y en a tant encore chez les peuples revenus au paganisme, après avoir été chrétiens, et comme il y en a aussi un certain nombre, au milieu de nous, parmi ceux qui, ayant renoncé au démon, se sont insensiblement remis sous son joug.

Il y eut cependant, je n'ose pas dire une amélioration, mais du moins une certaine modification dans la conduite de Dioscore à l'égard de sa fille. Soit qu'il craignît de paraître trop odieux aux yeux de ses concitoyens eux-mêmes, soit qu'il voulût faire acte de déférence envers l'autorité de son pays, il alla la dénoncer au président Marcien. Ce n'était point, à proprement parler, un méchant homme que ce Marcien ; mais son rôle de persécuteur n'en est pas moins condamnable aux yeux de Dieu et des hommes. Il n'était point méchant, non plus, le gouverneur de la Judée qui employa mille détours pour sauver Celui qu'il déclarait lui-même innocent ; mais parce que, n'osant pas tenir tête à l'émeute judaïque, il le condamna contre le témoignage de sa conscience, à partir de ce jour, c'est-à-dire depuis près de deux mille ans, toutes les générations, s'inclinant avec respect devant la croix où fut attaché ce juste par excellence, n'en répètent pas moins, continuellement et dans toutes les langues : « C'est sous Ponce-Pilate qu'Il fut crucifié pour nous ; *Crucifixus etiam pro nobis sub Pontio Pilato.* » (Symb. Nic.)

Quand Marcien vit paraître devant son tribunal cette jeune fille liée par ordre de son père, toute meurtrie, de la veille, par les mains mêmes de son père, il se sentit profondément ému, — peut-être était-il père, lui aussi, — et il forma la résolution de faire tout ce qu'il pourrait, sans trop se compromettre, pour la sauver, comme avait fait Ponce-Pilate par rapport à Jésus-Christ. Il lui fit d'abord ôter ses liens, puis, lui parlant avec une grande douceur :

« Vous aimez bien votre père, n'est-ce pas ? lui dit-il.

— Oh ! oui, répondit la jeune fille avec cet air de soumission que l'on doit avoir à l'égard de tout supérieur, quel qu'il soit ; oui, je l'aime plus que tout au monde, cent fois plus que moi-même.

— Alors, reprit le président, en donnant de plus en plus à sa voix le ton de la persuasion, pourquoi donc lui désobéissez-vous ?

— Je ne lui désobéis pas, répondit la jeune fille, avec une respectueuse fermeté, j'obéis à notre père à tous, celui que nous avons dans les cieux.

— Ne pourriez-vous pas, dit Marcien, qui commençait à perdre patience, et tremblait de son côté dans la crainte de déplaire au maître qu'il avait sur la terre, ne pourriez-vous pas adorer les dieux que votre père adore? Ce sont les génies protecteurs de l'empire. Les mépriser, les délaisser seulement, c'est un de ces crimes que nos lois punissent avec la plus grande sévérité.

— Il n'y a qu'un Dieu, s'écria-t-elle, avec ce ton d'assurance qu'elle avait prise à l'école du savant Origène, dans ses entretiens intimes avec Jésus-Christ, c'est le Dieu du ciel et de la terre, celui que j'adore. Vos dieux ne sont rien; ils sont moins que rien. Ce sont des génies malfaisants pour la plupart, des démons. Quant aux simples mortels à qui vous rendez et voulez faire rendre l'honneur qui n'est dû qu'à Dieu, on remarque qu'ils ont fait généralement à leurs semblables beaucoup plus de mal que de bien.

A ces mots, que nul ne s'attendait à entendre sortir de la bouche d'une jeune fille en apparence si timide et qui semblait, à certains moments, n'avoir plus qu'un souffle de vie, Marcien, déconcerté, quitta aussitôt le rôle de père pour prendre celui du juge; puis, faisant appel au bourreau, il eut recours à ces nombreux et effrayants instruments de supplice qu'on employait alors tour à tour ou simultanément, mais presque toujours inutilement, pour dompter le courage des confesseurs de la foi. Le sang ruisselait partout de ce faible corps, qui n'était devenu qu'une plaie. Au sein de telles souffrances cependant, tantôt elle se montrait insensible, tantôt elle paraissait aller avec enthousiasme au triomphe. La foule dont elle était environnée lui était généralement sympathique et semblait comme disposée à l'acclamer. Une voix même, dominant toutes les autres, poussa ce cri dont nous avons parlé précédemment et qu'il n'était pas rare d'entendre dans de telles circonstances : « Et moi aussi, je suis chrétienne! » C'était une dame romaine, nommée Julienne, qui demanda et fut admise immédiatement à avoir part à ses derniers combats et à sa victoire. Tant il est vrai qu'il n'y a pas de prédication qui vaille celle de l'exemple, et que cette éloquence en action n'a jamais plus de force que quand elle est imprimée sur la terre en larges et sanglants caractères. De là cette parole partout et toujours répétée dans l'Église : « Le sang des martyrs est une semence de chrétiens », et cette autre de Pascal : « Je crois des témoins qui se font égorger. »

Marcien cependant avait fait ramener en prison notre intrépide martyre, hors d'état, corporellement du moins, de supporter de pareils supplices. Le lendemain, toutes ses plaies étaient cicatrisées. Celui qu'elle avait choisi pour époux était venu, pendant la nuit, lui rendre la santé et lui promettre un très prompt et définitif triomphe. Elle put donc reparaître, avec un nouveau courage, devant le tribunal de Marcien. Tout déconcerté d'abord en la voyant, celui-ci reprit peu à peu son assurance. Il essaya même de faire hommage à ses dieux de cette miraculeuse guérison, pour inspirer à la fille de Dioscore d'autres sentiments à leur égard.

« Reconnaissez-vous enfin, lui dit-il, leur puissance et leur bonté ? Ils ont voulu prolonger votre existence pour vous arracher, ne fût-ce que par reconnaissance, l'hommage que jusqu'ici vous leur avez refusé.

— Eux, répondit dédaigneusement notre jeune martyre ! Vos simulacres d'or et d'argent, de pierre, de terre et même de bois !... Moins avancés que nous, puisqu'ils ont des bouches sans parler et des yeux sans voir, ils ne peuvent rien pour personne ; et, s'ils avaient quelque puissance, ils se garderaient bien de l'employer pour moi, qui les ai foulés aux pieds et les foule encore, d'intention du moins, ne pouvant faire autrement. Je dois le bienfait de ma guérison au céleste Époux à qui je me suis donnée pour toujours. »

Marcien profita de cette réponse pour attaquer notre jeune vierge par celle des vertus que les chrétiens ont le plus en honneur, la pureté : « Bourreau, s'écria-t-il, qu'on lui arrache les mamelles avec des tenailles brûlantes ! » Elle aurait pu lui répondre, comme une autre martyre à un autre persécuteur : « Tu n'as donc pas honte de brûler ainsi dans une femme ce qui a servi à te nourrir de la substance même de ta mère, à ton entrée dans la vie ? » Elle aima mieux garder le silence, et, toute recueillie en elle-même, elle se disait sans doute intérieurement : « Eh bien, tant mieux, je n'en appartiendrai que plus exclusivement à Celui qui a bien voulu me prendre pour épouse ! » Marcien continuant : « Qu'on la dépouille de ses vêtements, s'écria-t-il encore, et qu'on la promène nue dans les rues ! » Exposée à subir une telle honte, l'épouse de Jésus-Christ ne pouvait continuer à garder le silence : « Seigneur, dit-elle, épargnez-moi cet affront. » Sa prière fut immédiatement exaucée. Un globe, descendu d'en haut, s'arrêta sur sa tête, et elle se vit tout environnée d'un manteau de lumière.

Vous n'aurez jamais besoin sans doute d'un pareil secours, femmes chrétiennes ; mais si, dans le cours ordinaire de la vie, vous avez à craindre que votre corps, consacré aussi à Jésus-Christ, ne serve d'aliment d'une manière quelconque à l'impudicité des libertins, n'oubliez point que vous avez toujours à votre disposition le voile si beau et si salutaire de la modestie.

Craignant que la foule, de plus en plus sympathique à l'intéressante martyre, ne finît par se tourner ouvertement contre lui, honteux d'ailleurs de n'avoir pu vaincre sa résistance, Marcien déclara qu'il fallait en finir et ordonna qu'elle eût au plus tôt la tête tranchée. Dioscore, qui avait suivi de point en point toutes les péripéties de ce drame lamentable, se présenta alors au gouverneur et réclama pour lui, en qualité de père, le privilège de l'exécution. Sa demande fit frémir d'horreur ceux qui l'entendirent. Elle lui fut accordée cependant, et, en réalité, le rôle de bourreau, dans de telles circonstances, ne pouvait convenir qu'à un père aussi dénaturé. Il s'empressa de la conduire sur une montagne, hors de la ville. Pour la jeune fille, c'était le Calvaire, et elle s'y conduisit en véritable disciple, en digne épouse de Jésus-Christ. Elle commença par se recommander elle-même à Dieu, et le pria aussi d'exaucer les vœux de ceux qui, dans l'intérêt de leur salut, lui demanderaient quelque chose par son intercession. Un signe d'en haut lui ayant fait connaître que, sous l'un et l'autre rapport, sa demande avait été bien accueillie, elle inclina doucement la tête sous la hache de son père, devenu son bourreau. Celui-ci frappa avec tant d'assurance que la tête de la victime tomba dù premier coup, et l'ange que le monstre avait engendré sur la terre s'envola aussitôt dans les cieux.

— Avait-elle prié aussi pour ses bourreaux, me demandera-t-on peut-être ici, notamment pour celui qui avait été son père.

— Indubitablement, répondrai-je; et, s'ils n'ont point été convertis, c'est qu'il faut avant tout, en pareil cas, le repentir, comme on le voit du larron mort impénitent, à côté de la croix du Sauveur, et presque couvert de son sang. La punition, du reste, suivit de près. Le ciel, qui était serein, s'obscurcit, le tonnerre gronda, et la foudre frappa mortellement Dioscore d'abord, comme il retournait dans sa maison, puis Marcien à peine descendu de son tribunal.

Ainsi fournit, en peu de temps, une longue carrière, pour me servir ici de l'expression des saintes Écritures : *In brevi explevit tempora multa* (Sap. IV, 13), celle que l'Église invoque aujourd'hui sous la dénomination de sainte Barbe, vierge et martyre. Comme, après avoir prié Dieu pour elle-même à l'heure de sa mort, elle l'avait également prié d'écouter tous ceux qui, dans l'intérêt de leur salut, lui demanderaient quelque chose par son intercession, et que, du ciel même il avait été miraculeusement répondu que ce vœu d'immense charité était exaucé, partout et toujours, soit individuellement, soit en commun, comme ici, les fidèles de tout âge, de tout sexe et de toute condition, l'invoquent, en effet, pour toutes sortes de besoins : *Ab omni nos adversitate protegat*, dit la collecte qui lui est propre. Elle est plus communément invoquée cependant contre les dangers de la foudre, chacun ayant dû se dire dès le commencement : « Puisque Dieu en a frappé, d'une manière si effrayante, ses persécuteurs, il devra en préserver, au contraire, ceux qui l'auront invoquée et surtout imitée. »

Les coups de foudre auxquels nous sommes tous exposés sont de différentes sortes. Je vais en signaler ici quatre principaux dont je vous parlerai successivement, en vous indiquant de quelle manière nous pouvons en être préservés, avec l'assistance de sainte Barbe.

Parlons d'abord de la foudre ordinaire, que j'appellerai volontiers aussi céleste, parce qu'elle se forme et gronde au-dessus de nos têtes. En ce point, comme en tout ce qui concerne nos intérêts spirituels, c'est à vous évidemment, femmes chrétiennes, qu'il appartient de conserver les pratiques pieuses des générations qui ont précédé la nôtre. Si l'une de vous, une mère surtout, était tentée de les abandonner et même de les mépriser, je lui dirais, relativement au sujet qui nous occupe : « Je n'en appellerai pas à d'autre qu'à vous-même. Vous êtes, je suppose, dans votre chambre, au milieu de vos chers enfants. Un orage épouvantable s'est abattu au-dessus de votre tête. Après plusieurs coups, bien effrayants déjà, un autre plus effrayant encore, un de ces coups retentissants qui semblent remuer le ciel et la terre, vient d'éclater : « Mon Dieu ! » vous êtes-vous écriée, en rapprochant de vous, vos enfants, et en élevant la main au-dessus d'eux, comme pour les garantir, « mon Dieu !... » Or, qu'est-ce que cela, a dit un Père, si ce n'est le cri d'une âme *naturellement* chrétienne ? Je dirai, moi, *maternellement* chrétienne ; et, par là, j'ajouterai à la force de mon argument ; car, si la nature, je veux dire ici Dieu lui-même, arrachait un mensonge au cœur de la mère, dans de telles conditions, il n'y aurait plus rien de croyable. Ne rougissez donc point d'imiter ici la pieuse grand'mère de vos enfants, votre mère par conséquent, cette brave femme si respectable et souvent si peu respectée, que vous avez vue, je suppose encore, verser d'une main tremblante l'eau sainte dans les différentes parties de la maison ; puis, après avoir commencé à remplir les fonctions secondaires du sacerdoce, continuez et répandez partout, comme elle, la bonne odeur de vos vertus. La foudre du ciel vous épargnera, croyez-le bien, ou, si alors elle vous frappait, vous ou les vôtres, elle vous trouverait bien disposés et ne ferait que hâter votre triomphe.

Nous avons tous remarqué sans doute que cette foudre du ciel fait ordinairement beaucoup plus de bruit que de mal : une ou deux victimes quelquefois, aucune, la plupart du temps. « C'est le bon Dieu qui gronde », disent ici les enfants ; et, en ce cas, comme en beaucoup d'autres, la vérité sort de la bouche des enfants, pouvons-nous ajouter. Ce qui revient à dire que Dieu, qui est bon avant tout, tient beaucoup plus à nous avertir qu'à nous frapper. Il n'en est pas de même de la foudre terrestre, celle des hommes, laquelle, imitation de la première en ce que celle-ci a de plus effrayant, fait encore plus de mal que de bruit. Par elle, vous ne l'ignorez pas, mères chrétiennes, dans certaines affaires, disent les gens du métier, les armées, ces immenses machines, toutes composées de fer et de chair humaine, où se trouveront un jour vos enfants, s'ils n'y sont déjà, sont quelquefois en partie détruites. Recommandez-les donc bien à Dieu, ces enfants toujours chers, par l'entremise des saints ou saintes en qui vous avez le plus de confiance, celle du jour, par exemple ! Qu'ils s'y recommandent eux-mêmes ! Ils l'ont peut-être fêtée, en temps de paix, ici ou dans quelque établissement militaire. Pourquoi donc ne le feraient-ils pas à l'approche du danger ? Il en sera ainsi certainement, si vous avez soin de graver vous-mêmes de bonne heure dans leur esprit et dans leur cœur le nom trois fois saint du Seigneur auquel se rattachent toutes nos idées religieuses, de l'y faire graver plus solidement encore par une éducation vraiment chrétienne ; si, effacé peut-être par le temps et les plaisirs, ce nom sacré est ravivé, au moment du départ, par la chaleur de vos derniers embrassements, si vous ne rougissez pas de le leur rappeler plus tard, en quelque lieu qu'ils se trouvent, par des lettres pleines de piété. Ne vous imaginez pas que l'idée chrétienne soit inconnue au régiment, au moment de l'action surtout. A Saint-Martin de Tours, à Notre-Dame-des-Victoires, à Paris, vous trouverez des témoignages nombreux, saisissants quelquefois, de vœux faits ainsi sur le champ de bataille. Qu'est-ce donc après tout que le vœu national au sacré Cœur de Jésus, si ce n'est, comme les mots même le disent, le vœu le plus solennel des temps modernes fait par la France en détresse, et déjà en partie accompli, malgré les plus grandes difficultés de tout genre ?

Qu'il me soit permis de citer ici un fait déjà vieux, mais qui revient de tout point à mon sujet. C'était à la bataille de Marignan, qui fut aussi honorable pour nos armes que les dernières le furent peu. Claude de Guise, fils de René II, tombant sur le champ de bataille, couvert de vingt-deux blessures, avait fait vœu d'offrir à sainte Barbe un cierge du poids de son corps et une belle statue de grandeur naturelle, s'il en revenait. Il fut retrouvé gisant, sans connaissance, sous un tas de morts et de mourants ; mais il était sauvé. Le lendemain du jour où il avait pu revenir à Metz, le 8 mai 1519, il alla, accompagné d'un grand nombre d'autres vaillants guerriers, faire sa double offrande à la sainte dans un sanctuaire célèbre qu'elle avait alors dans le voisinage. Je me suis demandé ici ; je vous l'avoue, si nos hommes du jour ne riraient pas en voyant de tels guerriers en semblable pèlerinage. C'est possible ; mais, en les voyant manier leurs lourdes épées avec la même facilité qu'ils font, eux, siffler leurs cannes ou crier leurs plumes, je ne sais s'ils ne s'arrêteraient pas, et si leur rire commencé ne se terminerait pas en cri d'admiration.

Je viens actuellement au troisième coup de foudre que j'ai intention de vous signaler, celui de la mort subite, de cette mort terrible qui vient nous frapper sans nous donner le temps de nous y préparer par la réception des sacrements. Je ne suis pas le premier à lui donner une telle dénomination. Vous avez tous lu et relu, comme moi, vénérés confrères, le touchant récit qu'en a fait le plus grand orateur chrétien des temps modernes dans l'oraison funèbre d'une grande princesse. Il fut alors interrompu, assure-t-on, par les larmes de son auditoire et les siennes propres : « O nuit désastreuse, s'écria-t-il, nuit effroyable, où retentit tout à coup, comme un éclat de tonnerre, cette étonnante nouvelle : Madame se meurt, Madame est morte ! » (1). Or ce n'est pas seulement dans les palais et par rapport aux grands de la terre que la mort subite est à redouter, c'est partout. Parlant de la mort en général, un poète s'exprime ainsi :

> Le pauvre, en sa cabane où le chaume le couvre,
> Est sujet à ses lois.
>
> . . . .

donc aussi à ses coups imprévus, à ses coups de foudre, ai-je dit avec raison. Et ici, vénérés confrères, après avoir fait appel à votre mémoire, permettez-moi d'en appeler à votre cœur. Combien de fois n'avez-vous pas été témoins attendris dans un semblable drame ? Combien de fois n'y avez-vous pas joué un des principaux rôles ? C'était également pendant la nuit. Une fille pieuse est venue vous dire en pleurant : « Accourez, Monsieur, mon père se meurt ! » Vous allez aussi rapidement que possible. Arrivé à la maison du mourant, vous entendez répéter avec de plus vives insistances : « Accourez, mon père se meurt ! » Mais à peine êtes-vous entré que vous entendez le dernier mot : « Mon pauvre père est mort ! »

Qui que nous soyons, prêtres ou simples fidèles, pères, mères, enfants, pour nous comme pour les autres,

(1) Oraison funèbre de Madame Henriette-Anne d'Angleterre.

faisons tout ce qui dépendra de nous pour n'avoir point à redouter les foudres terribles d'une mort imprévue. Soyons sur nos gardes ou disposés du moins à nous y mettre, et tâchons qu'il en soit ainsi des nôtres. Prions, supplions. Si l'homme ne nous écoute point, adressons-nous à Dieu. N'oublions pas non plus notre sainte. Nous savons que, dans la prière mémorable qu'elle fit au moment de sa mort, pour conjurer le Seigneur d'exaucer les vœux de ceux qui s'adresseraient à lui par son intercession, elle eut particulièrement en vue la grâce des derniers sacrements. Cette prière a été exaucée, nous le savons, par une réponse miraculeusement descendue du ciel à l'heure même, et les deux faits que je vais citer le prouveront encore surabondamment. La collecte citée plus haut, le dit d'ailleurs positivement.

C'était vers le milieu du quinzième siècle. Un Hollandais de Gorcum, nommé Henri, avait une vive crainte de mourir sans avoir été administré. Surpris cependant par un incendie, il invoqua sainte Barbe, et cell-ci lui apparut aussitôt écartant avec son manteau la flamme qui menaçait de le dévorer. Ce fait a été attesté par le prêtre à qui il fut donné de l'administrer.

L'autre fait est plus touchant encore. Je le trouve dans la vie de saint Stanislas de Kostka. Malgré la grande sainteté de sa vie, ou plutôt en raison même de cette sainteté, il avait aussi une vive crainte de mourir sans avoir reçu les derniers sacrements. Etant tombé dangereusement malade chez un luthérien, il demanda inutilement qu'on lui apportât le saint Viatique. Dans cette extrémité, il eut recours à sainte Barbe, qui, la nuit même où il se trouva le plus en danger, vint lui annoncer que sa prière avait été exaucée. Et, en effet, après elle venaient deux anges envoyés pour le faire communier. Il reçut le saint Sacrement avec sa piété ordi-

naire, et il était tellement convaincu de la réalité des
faits, affirma-t-il plus tard, qu'il conjurait son entou-
rage, qui s'était toujours opposé à la satisfaction de son
désir, de donner du moins au Dieu de l'Eucharistie les
marques d'un profond respect.

Est-ce bien avec son corps ou sans son corps, pour
parler ici le langage de saint Paul par rapport à son
ravissement, que le pieux Stanislas reçut alors le saint
Viatique ? Je ne saurais non plus l'affirmer ; mais ce
que je puis dire, c'est que, quand même sa communion
n'eût été que spirituelle, comme il l'avait dû faire tant
de fois en d'autres circonstances, il n'eût pas moins
entendu aussi d'ineffables paroles que la langue humaine
ne saurait répéter : *Et audivit arcana verba quæ non
licet homini loqui.* (II. ad. Corinth. XII, 4).

Sainte Barbe ne manifeste pas toujours ainsi son in-
tervention. Elle agit beaucoup plus souvent par représentation, et c'est vous évidemment qu'elle a choisi ici
pour la représenter, vous, femme pieuse, qui êtes par-
venue, par un zèle ardent et prudent néanmoins, à
rapprocher le Créateur de sa créature malade, dans la
maison même où on refusait de le recevoir.

Nous arrivons enfin au quatrième coup de foudre, le
dernier, le plus terrible incontestablement de ceux que
nous avons à éviter. Je veux parler de cet arrêt fou-
droyant par lequel le doux Sauveur, devenu juge inexo-
rable, précipitera les damnés dans le lieu des supplices
préparé au démon et à ses anges.

— Mais, me direz-vous, est-ce que, pour être préservé d'un tel malheur nous pouvons encore invoquer
sainte Barbe ?

— Pourquoi non ? La promesse qui lui fut faite si
solennellement, de la part de Dieu, d'accorder ce qu'on
lui demanderait, par son intercession, dans l'intérêt du

salut, n'est-elle pas générale ? Évidemment, d'ailleurs, une mort chrétienne nous préserve de l'éternelle ré- probation. Or Sainte Barbe peut être invoquée pour obtenir une telle mort. Donc aussi pour être préservé de l'éternelle réprobation.

Ne nous faisons point illusion cependont. Ici, pour être préservé de l'éternelle coup de foudre, de la dam- nation, ai-je voulu dire, et pour conquérir le bonheur céleste par l'intercession de sainte Barbe, il ne suffit pas de lui adresser, du bout des lèvres, ni même avec une certaine chaleur d'âme, de pieuses paroles, il faut encore s'unir intimement à elle, s'identifier, en quel- que sorte, avec elle, par la pratique des vertus chré- tiennes qui se résument admirablement dans l'univer- selle vertu de charité, dont elle nous a donné un si tou- chant exemple à l'heure de sa mort, et que le Fils de l'homme nous recommande à tous, par avance, pour que nous nous tenions sur nos gardes, dans la personne des justes, en les couronnant : « Venez les bénis de mon Père ; car j'ai eu faim, et vous m'avez donné à manger ; j'ai eu soif, et vous m'avez donner à boire ; j'étais étranger, et vous m'avez recueilli ; j'étais nu, et vous m'avez revêtu ; j'étais infirme, j'étais en prison, et tous m'avez visité. N'objectez point, non plus : « Quand est-ce, Seigneur, que nous vous avons vu dans ces différentes nécessités et que nous sommes venus à votre secours ? » Car il vous a répondu encore, par avance, dans la personne des justes : « En vérité, je vous le dis, toutes les fois que vous l'avez fait au moin- dre des miens, c'est à moi que vous l'avez fait. »

Ainsi, mère chrétienne, cet enfant, né de vous, affamé et nu, et que vous avez nourri de vous-même, réchauffé dans les langes bien chauds, cu, à défaut d'autre chose peut-être, dans vos embrassements maternels encore plus chauds , c'est Jésus que , par représentation , vous avez soigné de la sorte. Et l'âme de cet enfant, affamée également et nue, dépourvue qu'elle était de sentiments et de pensées, qui s'est si souvent réchauffée au contact de votre cœur, qui s'est un jour subitement illuminée, au son de votre voix, comme le néant à la parole du Créateur : *fiat lux et facta est lux* (*Gen.* i, 3.), c'est encore l'âme de Jésus qui s'est ainsi développée par vos soins maternels. Et ce même enfant dont vous avez si souvent blanchi et refait, tant sous le rapport spirituel que sous le rapport matériel, le vêtement sali ou lacéré, que vous avez revêtu avec tant de complaisance, sous l'un et l'autre rapport également, de la robe nuptiale, afin qu'il fût reçu dans la salle du festin où l'appelait pour la première fois son frère Jésus, que vous avez présenté si souvent et de tant de manières aux bénédictions de l'Église, qui vous suivait au temple, étudiait et pratiquait avec vous les préceptes du Sauveur, écoutait si attentivement les docteurs de la loi, leur répondait, les questionnait quelquefois, de manière à émerveiller l'assemblée des fidèles, c'est toujours Jésus dont vous n'avez cessé de prendre soin.

Voulez-vous me permettre actuellement, mère chrétienne, de vous suivre, un instant, au dehors, dans l'exercice de votre charité ? Ce petit étranger, venu de loin, qui a fait élection de domicile à tous nos foyers sans avoir moins froid pour cela, qui monte au haut de nos cheminées et en descend, tout le coprs noirci et meurtri, pour un dur morceau de pain qu'il mange trempé de ses larmes, si toutefois on ne le lui arrache pas pour le donner à d'autres, et que vous avez assisté avec d'autant plus d'attendrissement que vous l'aviez vu plus durement repoussé ailleurs, c'est Jésus, descendu du ciel sur la terre, mal reçu des siens, obligé de fuir en Égypte, que, par représentation, vous avez assisté de la sorte.

Mais pourquoi ne parlerais-je ici que des enfants ? Il n'y a en Jésus-Christ, représenté par ses pauvres, ni âge, ni sexe, ni même distinction de vie ou de mort. Il est en tous également, quel que soit l'état de ceux dont nous nous occupons sous son nom.

Ainsi, ce pauvre vieillard que vous avez rencontré tout glacé par le froid et qui n'eût pas manqué de l'être bientôt par la mort, si vous ne lui aviez donné la moitié de votre vêtement, vous, véritable disciple de saint Martin par le cœur, quoique impliqué encore peut-être dans les combats de la vie, c'est Jésus que vous avez ainsi revêtu. Il l'a dit lui-même, en propres termes, à votre maître.

Que nul ne dise ici qu'il ne lui est jamais arrivé de couper en deux son vêtement pour en donner la moitié à n'importe quel pauvre que ce soit.

Cela arrive très souvent, au contraire, et presque toujours sans qu'on s'en aperçoive ; car c'est le temps, agent inaperçu de la Providence, qui, plus habile qu'aucun de nous, le coupe réellement en deux, non de longueur ni de largeur, mais d'épaisseur, afin qu'on puisse en faire la charité, après s'en être ׀servi pour soi (1).

(1) Ce serait bien contre mon gré que je me trouverais ici en une sorte d'opposition avec saint Vincent, pour qui je fais profession de la plus sincère et de la plus profonde vénération. Ce serviteur de Dieu n'a pas voulu que celles de ses filles qui auraient servi les riches fussent appelées à l'honneur de servir les pauvres. Moins exigeant, ce me semble, le bon Jésus accepte bien volontiers, dans l'intérêt de ses pauvres, ce qui nous a été à nous-mêmes de quelque utilité. Ce genre de charité, très commode et peu dispendieux, n'est guère en usage dans les campagnes, où

Et cette pauvre agonisante, que vous n'avez cessé de visiter chaque jour, pendant plus d'un mois, femme pieuse, après votre visite au saint Sacrement, n'est-ce pas Jésus-Christ qu'en elle vous visitiez? Quand vous avez enseveli vous-même, n'ayant ponr l'arroser que vos larmes, son corps ulcéré dont personne n'osait approcher, c'est l'embaumement du corps de Jésus-Christ par les saintes femmes que vous avez renouvelé; et quand, accompagnant le prêtre dans ses fonctions consolantes et sublimes de la sépulture ecclésiastique, dont tant de fous se privent aujourd'hui de gaieté de cœur et voudraient aussi priver les autres, vous avez remis, avec lui, entre les mains des anges pour la conduire au ciel, son âme délaissée, dont vous vous êtes seule occupée sur la terre, c'est l'ascension du Sauveur que vous avez de nouveau célébrée : *In paradisum deducant te angeli.* (*Rit. rom.*)

Elevons-nous encore dans la contemplation du mystère qui nous occupe. Si je pouvais me faire entendre de tous ceux qui appartiennent, à un degré quelconque, au divin sacerdoce, je leur dirais : « Qui que vous soyez, et dans quelque position que vous vous trouviez, dans la tristesse comme dans la joie, dans l'épreuve comme dans le triomphe, ne voyez-vous pas que ce que vous faites pour Jésus-Christ, il le fait lui-même avec vous et par vous, selon l'énergique expression de saint

chacun use ses vêtements jusqu'à la corde. Si là aussi, pourtant, quelqu'un voulait en essayer, je lui conseillerai de s'adresser au Vestiaire de Saint-Martin, ou, s'il ne pouvait trouver ce dépôt de la charité chretienne, qui naturellement n'aime point à s'étaler au grand jour, à la maison des orphelins de Tours, dont le pieux directeur, tout à sa nombreuse et intéressante famille, n'en est pas moins occupé des autres bonnes œuvres tourangelles. « *Pietas autem ad omnia utilis est* » (I Tim., IV, 8).

Paul? « *Vivit vero in me Christus.* » (*Gal.* II, 20.) Et
en général d'ailleurs, ce que font [les chrétiens pour
Jésus, ne le fait-il pas lui-même avec eux et par eux,
puisque nul ne peut rien pour le ciel sans la grâce ? De
là cette pensée si remarquable de saint Augustin, qui
dit qu'en couronant les saints Dieu couronnera moins
leurs mérites que ses dons : *Tunc Deus coronabit non
tam merita tua quam dona sua.* (Serm. 170, chap. x).

Voilà certes de belles et grandes vertus, des vertus
divines, puisqu'elles ont Dieu pour objet et qu'elles ne
peuvent être pratiquées qu'avec lui et par lui.

Il n'est donc point étonnant que Dieu, voulant les
récompenser d'une manière digne de lui, dise, au grand
jour du jugement général, à ceux d'entre nous qui les
auront pratiquées :

« Venez prendre possession du royaume qui vous a
été préparé dès le commencement du monde, » et qui
durera toujours, ajouterai-je avec l'Église, puisqu'il
consistera surtout dans l'indestructible union de l'âme
avec Jésus-Christ, dont le royaume n'aura point de
fin : *Cujus regni non erit finis (Symb. nic.). Amen.*

IMPR. PAUL BOUSREZ, 5, R. DE LUCÉ, TOURS.

www.ingramcontent.com/pod-product-compliance
Lightning Source LLC
Chambersburg PA
CBHW061126050726
47594CB00005B/2116